El perdón

el antídoto

Jeri Darby

I0560182

Stepping Stones
Soar into Your Destiny!

Ararity Press

Derechos de Autor © 2021 Jeri Darby

Todos los derechos reservados. Este libro o cualquier porción del mismo no puede ser reproducido o utilizado de ninguna manera sin el permiso expreso por escrito del editor, excepto para el uso en citas breves.

Primera impresión 2021
Impreso en los Estados Unidos de América

Texto Bíblico:
La Santa Biblia, Nueva Traducción Viviente,
© Tyndale House Foundation, 2010.
Todos los derechos reservados.

ISBN: 978-1-958811-05-4

Agradecimientos especiales traductor: Afonsio Yanez

Información de Contacto:
Jeri Darby 989 402-4721

jeri@iamawriternow.com
Facebook: Jeri Darby

Prefacio

Estuve realizando una videoserie sobre el Perdón en Periscope y en un blog. Me sentí llevada a repetirla durante un vlog semanal los días lunes en Facebook Live titulado "Seasoned for this Season". Planeé hacer una sola sesión, pero el Espíritu Santo me alentó a continuar con este tema las siguientes dos semanas.

Junto con esto, vino un impulso interno para completar este libro, que había empezado y puesto en mi lista hace más de diez años (tengo una lista de títulos y temas sobre los que planeo publicar en momentos establecidos). Rápidamente, este libro se abrió camino en mi vientre espiritual para ser dado a luz. A esto le siguió mi hermana y querida amiga, la Ministra Patricia Hampton, pidiéndome que organizara una conferencia sobre el Perdón en las siguientes ocho semanas, en las cuales aprovecharía de ofrecer mis libros. "¡Grandioso! Entonces procuraré tener listo mi libro sobre este tema", pensé.

Al principio, llegar al inicio de mis conferencias con mi libro terminado parecía un desafío realizable, así que pensé, entusiasmada: "¿Por qué no añadir un libro de trabajo? ¿Qué tal unas algunas dramatizaciones de la vida real? ¡Yo me encargo de todo!". Cuando esta idea aún era una semilla, todo parecía factible, pero de improviso, ¡empecé a sentirme seriamente abrumada! Después de todo, soy una coach de escritura que escribe sus propios libros mientras trabaja a tiempo completo como enfermera registrada.

Lo adivinaste... me asusté ante lo que parecía una hazaña imposible. Estuve tentada a cancelar este compromiso, aunque sentí que esto es lo que Dios quería que lograra. Entonces pensé: "¿Cómo es posible que Dios me pidiera que acelere la creación de un libro y que yo le respondiera que no puedo hacerlo?". ¡Realmente podemos hacer cualquier cosa a través de Cristo!

Este libro fue escrito a manera breve a propósito. Su intención es que el lector capte la información y utilice las técnicas ofrecidas para ganar la batalla contra la falta de Perdón. Dios desea responder a nuestras plegarias, hacernos florecer y sanarnos. Demasiados de nosotros están atascados en ciclos repetitivos de falta de Perdón. Dios puede y quiere liberarte. Alinéate con las direcciones de Su palabra para ser sanado y disciplina tu vida para elegir el Perdón—*siempre*.

DEDICATORIA

Este libro está dedicado a mi Padre Celestial, quien me llamó de la oscuridad y me aceptó en Su amada familia; gracias por pronunciar estas palabras vivificantes en mi vida, que han servido como una brújula de esperanza y dirección:
"ERES LA HIJA DEL REY Y ESTÁS AQUÍ POR ASUNTOS OFICIALES".

A su maravilloso Hijo, Jesús, que se ofreció a Sí Mismo para el perdón de mis pecados y ha estado conmigo en cada estación oscura y cada prueba de fuego. ¡Gracias por permitirme el uso del poder y la autoridad que está en Tu Nombre!

Al Espíritu Santo, que guía, consuela, fortalece, aconseja y mucho más, gracias por empujarme pacientemente hacia adelante durante las temporadas mundanas y desilusionantes de mi vida. Gracias por ayudarme a utilizar el antídoto del Perdón para liberarme a mí misma y a los demás.

¡Prometo mi lealtad a todos ustedes!

Introducción

El Perdón es crucial durante estos tiempos peligrosos. Las cosas rara vez son lo que parecen. El drama, las actitudes negativas y los rencores son "glamorizados" en las industrias de la música y el cine. Estas prácticas malsanas se han infiltrado en nuestra cultura. Clichés como "*Me siento* _____", son repetidos por muchos para indicar malestares emocionales. No sólo la generación más joven absorbe estas influencias disfuncionales, sino que los adultos mayores se han rebajado a niveles inmaduros de autoexpresión. Hoy en día se puede decir qué tipo de docudrama ve cada persona por la forma en que se enfrenta a los conflictos.

La Biblia advierte claramente que en estos últimos días habrá división y animosidad en el hogar entre miembros de familias, en las que se producen malentendidos y se levantan muros de falta de Perdón que provocan años de desunión. Tales desuniones a menudo derivan en daños permanentes. ¿Por qué? Porque nadie quiere ser el **PRIMERO** en disculparse, como si hacerlo fuera un signo de debilidad mortal.

La falta de Perdón actúa como un veneno que se infiltra en el ser espiritual, físico y emocional de las víctimas. Muchos han descrito la falta de Perdón como "*¡Es como beber veneno y esperar que la otra persona muera*!". Por ridículo que suene, este escenario es visto y repetido en demasiadas vidas. Tengo dos hermanos que requirieron cirugía a corazón abierto—¡DOS VECES! ¿Qué tenían ellos dos en común? Además de ser hermanos, ambos ingirieron altas dosis de falta de Perdón a lo largo de sus vidas.

La falta de Perdón ha alcanzado niveles epidémicos en el cuerpo espiritual, así como en aquellos que se niegan a entregar sus vidas a Dios porque están enojados con los demás, la iglesia o con Dios mismo. *HAY* un antídoto para el veneno que ha infectado a tantos. El remedio para lo que aflige a los habitantes de este mundo es abundante, pero con demasiada frecuencia es pasado por alto y no se utiliza.

Aquellos con la humildad y el coraje de utilizar este potente remedio saben que trae cambios notables. Las heridas internas que rezuman odio y amargura comienzan a sanar; los corazones de piedra se hacen carne una vez más; las emociones tormentosas se reducen a una calma pacífica. Hay numerosos testimonios de curaciones físicas milagrosas tras entregarse al proceso del Perdón.

¿Has sido víctima del veneno de la falta de Perdón? ¿Sientes que se abre paso a través de tu cuerpo? ¿Has notado el impacto destructivo que tiene en tu mente, cuerpo, espíritu y alma? ¿Estás listo para ser sanado? Si es así, ¡hay esperanza! El Perdón *ES* el antídoto. Es la única cura efectiva para destruir el tóxico camino de la falta de Perdón. El suministro está limitado sólo por la renuencia a rendirte. Es gratis, abundante y disponible para todos.

Oro para que este libro beneficie a aquellos dispuestos no sólo a reconocer, sino que a ACTUAR: reconocer que tienen preocupaciones relacionadas con la falta de Perdón que necesitan ser resueltas, confrontar a aquellos con los que han tenido conflictos y confiar en que el Espíritu Santo les guiará a través del proceso.

Una vez que hayas tomado el antídoto (el Perdón) no compares tu forma de responder con la de otros. Para algunos, la curación interna puede ocurrir instantáneamente, para muchos será un proceso. Ya sea que tu recuperación sea inmediata o en un período de tiempo, esta es una cura que no querrás descartar. Puedes experimentar los poderes curativos del Perdón hoy en día.

Prólogo

Ri-nng, Ri-nng, Ri-nng... oraba mientras esperaba que ella respondiera el teléfono. ¡Si hubiera intentado esta conversación antes, mis palabras llenas de dolor la habrían hecho pedazos! "Hola", su alegre saludo llenó mis oídos.

"Hola..."... intercambiamos algunas palabras y revelé el motivo de mi llamada. "Me dolieron mucho tus palabras...". Compartí cómo mis emociones fueron heridas por sus comentarios que consideré insensibles y agresivos. Mi corazón había estado cargado de dolor toda la semana.

Sí, podría haber respondido de inmediato apenas me sentí molesta, pero sabía que mis palabras no habrían sido fructíferas. No confiaba en mí misma para enfrentarme a ella sin consultar y recibir la dirección del Espíritu Santo. Conozco el poder de las palabras y trato de tener cuidado de no soltar las más venenosas. Aunque quería a esta persona, no soy capaz de seguir adelante en mis relaciones como si nada hubiera pasado.

Ella recordó rápidamente la situación y respondió: "Sabía que algo te molestaba, pero no sabía que era eso". Me sorprendió oír que no tenía ni idea del impacto negativo que sus palabras tuvieron en mí. No suelo sacudirme fácilmente, pero cuando los dardos de fuego provienen de nuestras personas más cercanas, son aún más mortíferos. Continuó con palabras que expresaron amor, honor y humildad a lo largo de nuestra conversación.

Intercambiamos palabras de Perdón. Mientras hablábamos, algo inexplicable estaba ocurriendo en mi corazón. Era como si una herida abierta en él fuera reparada milagrosamente. Esto fue definitivamente una obra sobrenatural del Espíritu Santo. Al final de nuestra conversación, el dolor disminuyó y todo lo que quedó era mi corazón ardiendo de amor y compasión.

Un punto importante a considerar sobre el Perdón es que puede beneficiar a todas las partes involucradas, de la misma forma que Dios ama a todo el mundo por igual. Satanás puede influenciarnos para cometer acciones inhumanas a nuestros semejantes, pero esto no nos exime del amor y el Perdón de Dios. ¿Vas a privarte de las propiedades curativas del Perdón porque podría tener algunos beneficios positivos para la otra persona? Oro para que elijas el Perdón y permitas a Dios tratar con cualquiera que te haya causado dolor.

"Padre, perdónalos, porque no saben lo que hacen".

Lucas 23:34

¡No lo vi VENIR!

Todo comienza como una simple interacción entre un marido y su esposa, o tal vez una madre y una hija o tal vez un padre y un hijo. ¿Qué hay de los amigos o los miembros de la iglesia? ¡Tampoco omitamos a nuestros compañeros de trabajo! No importa *dónde, cuándo y quién*; si hay dos o más personas reunidas e intercambiando palabras, existe un potencial caldo de cultivo para la falta de Perdón.

Una charla inocente, alimentada por palabras de enojo, puede volverse repentinamente acalorada, hostil y amarga. Se levantan muros defensivos y cada persona puede irse a casa con semillas de falta de Perdón sembradas en el suelo fértil de sus corazones. Satanás se apresura a contaminar aún más las emociones con rabia, resentimiento y rechazo, y como las malas hierbas, estas semillas producen una cosecha mortal. Si esto no es abordado, el amor, el respeto y la unidad que esta gente pudo haber compartido alguna vez se ahoga y se evapora en el aire. Se preguntan por qué sus intentos de comunicar su dolor a los demás fallan porque no se dan cuenta de que están en medio de una batalla espiritual.

Satanás se entromete con entusiasmo y sirve de intérprete—como si los involucrados estuvieran hablando idiomas extranjeros. Con sus percepciones empañadas por la ira, ambas partes corren el riesgo de no oír lo que la otra persona está *tratando* de decir. La ira puede hacer que los oídos y los corazones se abran a las mentiras susurradas de Satanás. Antes de que las palabras del orador puedan ser escuchadas y decodificadas por el receptor de forma clara, Satanás interviene, torciendo y malinterpretando todo lo que el orador quiso decir. Cuanto más esfuerzo es puesto en la resolución del conflicto, más retorcida se vuelve la comunicación. Las hostilidades aumentan, ya sea terminando la relación por completo o estableciendo una nueva distancia. ¿Te suena familiar?

Tales perturbaciones ocurren constantemente entre la familia, amigos y compañeros de trabajo. En cualquier lugar donde dos o más personas intercambian palabras con *cualquier* propósito, existe la posibilidad de ira, malentendidos y falta de Perdón. Cada persona puede preguntarse más tarde "¿Por qué dije eso?"; "¿Cómo puedo arreglar esto?"; "¡No lo dije en serio!". Sin embargo, por mucho que se arrepientan de sus palabras dañinas liberadas con furia, estas no pueden ser borradas.

La falta de Perdón es un veneno de acción rápida que se infiltra rápidamente en el corazón, su órgano objetivo, causando que se vuelva pedregoso hacia la persona o personas que infligieron la herida. En poco tiempo, ya no hay remordimiento o deseo de reconciliación y todo lo que queda son emociones de ira.

El Perdón es un potente antídoto que contrarresta los síntomas de la falta de Perdón. Nos lo da Dios para derrotar a nuestro enemigo diabólico que ha engañado a muchos de nosotros para que piensen que el Perdón crea en vez de aliviar el dolor, o que la persona a la que pueden perdonar no se lo merece y que se librará **MUY** fácilmente de lo que hizo. Debido a que esta aflicción no recibe un tratamiento oportuno, se agrava. El veneno que se libera tiene un efecto neutralizante en el fruto del Espíritu. El amor comienza a enfriarse. Esta súbita caída de la temperatura del amor que bombea a través del corazón espiritual hace que se endurezca.

Si la falta de Perdón permanece sin abordar, se levantan muros defensivos y pocos, si es que hay alguno, pueden penetrar en los muros de la desconfianza, cuyo objetivo es proteger el corazón de más lesiones a toda costa. Mientras continúas distanciándote de los demás, Satanás te acorrala en un rincón donde te aísla. En ese rincón, él continúa actuando como intérprete de tus interacciones con los demás. Debido a que la falta de Perdón es un veneno tan potente y puede propagarse fácilmente de persona a persona, este es dirigido a las relaciones de cualquier y todo tipo.

¡Nuestra lucha no es de carne y hueso! ¡Necesitamos comprender esta realidad espiritual! La Biblia advierte en 2 Corintios 2:11 que no hay que ignorar las maquinaciones de Satanás, sin embargo, la gente en todo el mundo es infligida y derrotada por la falta de Perdón en proporciones epidémicas. ¡Muchos no han comprendido la realidad de que la falta de Perdón es una de las armas más destructivas de Satanás! Estudia Efesios 6 y ora para que el Espíritu Santo te enseñe a arroparte con toda la armadura de Dios. No necesitamos ir por la vida desprotegidos de los ataques destructivos de Satanás. No tenemos que experimentar la muerte espiritual o física como resultado del impacto de la falta de Perdón en nuestros corazones. Continúa leyendo para obtener estrategias para luchar esta batalla de fe y protegerte de una sobredosis de falta de Perdón.

Ejercicio Espiritual
con el Perdón

El Perdón es un arma espiritual poderosa y efectiva a la vez. Cuanto más se utiliza, más hábiles nos volvemos para dominarlo. Una vez que abramos los ojos a esta realidad, estaremos listos para abrazar un nuevo potencial y participar en una guerra espiritual efectiva. Desafortunadamente, perdonar es visto por muchos como una debilidad y los poderes de liberación del Perdón tienden a ser subestimados y subutilizados, por lo tanto, muchos continúan funcionando en desventaja y luchando a lo largo de su vida llevando la carga debilitante de la falta de Perdón. Cuando las relaciones sanas se llenan de animosidad o los lazos emocionales se rompen completamente, ¿se pueden restaurar?

Hay esperanza—el Perdón es el antídoto. Un antídoto es una medicina que se utiliza para contrarrestar un veneno *en particular*. Después de tomar la medicina para recuperarse, es necesario comer bien (palabra de Dios) y hacer ejercicio (aumentar la fortaleza y la resistencia). Cuando una persona es disciplinada en las prácticas espirituales, el Perdón también puede convertirse en algo innato si es practicado repetidamente. Al principio, puede que te sientas incómodo y sin idea de cómo acortar la incómoda distancia creada por la falta de Perdón. Con la práctica, se convierte en una respuesta normal ante todo tipo de ofensas.

La Biblia dice: *"El entrenamiento físico es bueno, pero entrenarse en la sumisión a Dios es mucho mejor, porque promete beneficios en esta vida y en la vida que viene"* (I Timoteo 4:8 NTV). ¿Conoces a personas que estén extremadamente comprometidas con el ejercicio físico, cuya prioridad principal es mantener sus cuerpos en forma? ¡Me encantaría que me consideraran en este grupo! Bueno, ejercitar nuestro espíritu es igual de importante. Cuando estamos espiritualmente en forma y atentos a realizar ejercicios espirituales rutinarios como la lectura de la Biblia, la oración, la humildad, la bondad y el Perdón, también se convierten en algo innato.

Durante mucho tiempo, cuando salía de casa, no podía recordar si había cerrado la puerta de mi garaje. A mi familia no le parecía tan gracioso que les llamara para pedirles que revisaran. Esto requería que alguien se levantara de la cama para revisar varias veces a la semana—*temprano por la mañana.* El control remoto de la puerta del garaje está justo encima de mi cabeza en el parasol de mi automóvil. A veces lo dejaba abierto, pero empezó a ocurrir cada vez menos. Seguía llamando para que revisaran, porque no podía recordar si dejaba la puerta cerrada, hasta que este hábito desapareció por completo.

Un día, mi nieto Joseph estaba en el automóvil conmigo y fuimos a cerrar la puerta del garaje al mismo tiempo. Me disculpé por llamarle siempre a casa para asegurarme de que la había cerrado. Se río y dijo: "¡Abuela! ¡Es tu memoria muscular!".

El diccionario online de Merriam-Webster define la memoria muscular como la habilidad de repetir un movimiento muscular específico con eficiencia y precisión mejoradas que se adquieren *a través de la práctica y la repetición.* ¡Jesús dijo que el Perdón debe ser ofrecido setenta veces siete si es necesario durante un solo día! ¡Eso me suena a una acción repetitiva!

Hay gente en esta tierra que es torturada, esclavizada o vive en ambientes extremadamente abusivos. Nada que no sea el poder sobrenatural de Dios les permitirá perdonar. Esta *no* es la realidad para la mayoría de nosotros. Muy a menudo nos aferramos a la ofensa, negándonos a emplear el antídoto del Perdón que es una cura probada.

Los ejercicios de Perdón requieren expandirnos más allá del confort emocional, la necesidad de tener razón y la falsa creencia de que lo hacemos *sólo* para la otra persona. El no perdonar es una carga demasiado pesada para que alguien la soporte. El Perdón requiere que entreguemos a Jesús esas cargas que nos están amargando.

Jesús sabía que este era un ejercicio que requeriría muchas repeticiones antes de que se arraigara en la memoria muscular de nuestro espíritu. Pero es posible. Cuando hemos empezado a confiar en el Señor con TODO nuestro corazón y a reconocerlo en TODOS nuestros caminos, el Perdón puede convertirse en memoria muscular. Es una reacción natural a las ofensas en este viaje de fe.

¡El Perdón es Sobrenatural!

Muchas personas nunca intentan involucrarse en el proceso del Perdón, ya que piensan que el Perdón es algo que deben lograr con sus propias fuerzas. Dios da gracia a los humildes (Santiago 4:6,7) y su fuerza es perfecta cuando nuestra propia fuerza se ha ido. (2 Corintios 12:9,10). Dios necesita que te decidas a perdonar—esto le da permiso a Él para ayudarte en el proceso. ¡El Perdón es una elección!

Escogemos el Perdón humillándonos ante Dios para obedecer Su palabra. Para hacer esto, tenemos que dejar de lado cada pensamiento malicioso que Satanás trae para justificar nuestra ira. Mateo 11:25 (NTV) dice: "Y cuando estéis en pie orando, perdonad si tenéis algo contra alguno, para que también vuestro Padre que está en los cielos os perdone vuestras ofensas".

Reconoce a Dios en medio de tu frustración, ira y dolor. Él ya ve y sabe—lo entiende perfectamente. La Biblia nos dice que expongamos nuestras quejas ante Él (Salmo 142:2). También nos dice que cuando nos humillemos ante el Señor, Él nos levantará (Santiago 4:10). Una vez que actuamos en obediencia, hemos involucrado a Dios en la ecuación. Así como la salvación es un acto de fe, también lo es el Perdón. Dios da gracia a los humildes. Cuanto más nos humillamos, más gracia Él da para comenzar y completar el viaje y el proceso de perdonar.

La vida me ha dado muchas oportunidades de confiar en el Espíritu Santo para que me guíe a perdonar a los demás. Varias veces sentí el impacto inmediato del poder del Perdón operando en mi corazón. En una ocasión, una mujer con la que mi pastor me emparejó para trabajar en un proyecto fue grosera y condescendiente conmigo y con otro miembro delante de los demás. ¡Ella actuó tan mal!

¡Yo estaba indignada y llena de ira! La ira me atrapó hasta el punto de que no podía adorar sin poner mi mirada en el otro lado de la iglesia, donde ella estaba sentada. "¿Cómo puede cantar y levantar las manos así? ¡Tan hipócrita!", pensé....

"Pídele que te perdone", el Señor habló. Yo le contradije: "¿Por qué? ¡No hice *nada*!". He aprendido que siempre que tengo un desacuerdo con Dios, siempre termino de su lado. Hice lo que Él me ordenó. Me acerqué a ella el domingo siguiente y le dije: "Perdona mi respuesta durante nuestra última conversación"—al grano. INMEDIATAMENTE... sentí que algo salía de mi corazón. ¿Qué estaba tratando de hacerme Satanás? ¿Qué clase de fruto venenoso había plantado dentro de mí? ¿Quién sería yo hoy si nunca hubiera aceptado el antídoto del Perdón? No creo que sería la persona en la que me he transformado: alguien que respeta, reconoce y utiliza el poder del Perdón.

La Biblia nos advierte que guardemos nuestro corazón con total diligencia (es decir, ser muy, muy cuidadosos) porque es ahí desde donde fluyen los problemas de la vida (Proverbios 4:23). Satanás hiere tu corazón con dardos de fuego, y luego la ofensa ocurre. Su objetivo es duplicar en ti los comportamientos tóxicos exactos de la persona que te infligió una herida; Satanás desea replicar su carácter y producir frutos corrompidos en tu vida y en las de los demás, para que puedas pasar la eternidad con él—¡en el infierno!

A Satanás le divierte que nos rindamos al odio y a la falta de Perdón que resulta de sus maniobras. Te conviertes en su trofeo, su premio—para ilustrar que él salió victorioso engañándote y destruyéndote.

Caminar en el amor y el Perdón es la única manera de contrarrestar las consecuencias destructivas de la falta de Perdón. Mientras camines en la ira y el odio buscando tu propia reivindicación, estás cooperando con el espíritu equivocado. ¡Dios es nuestro vindicador! (Isaías 50:8).

La Biblia nos dice que nuestra batalla **NO** es contra enemigos de carne y hueso (Efesios 6)—la mayoría considera esta realidad espiritual difícil de digerir e insiste en centrar su necesidad de venganza en el otro. El Perdón actúa como una poción sobrenatural con el poder de neutralizar los esquemas y planes que la falta de Perdón pone en marcha en nuestras vidas.

En Jeremías 1:10, Dios le dice a Jeremías que use palabras para desarraigar, derribar, plantar y construir. Esto es exactamente lo que hace el Perdón. Cuando se utiliza el Perdón, la madre y la hija ya no se pelean. Los muros de la ira y la separación son derribados. El padre ya no está en contra del hijo. El hermano ya no está en contra del hermano ni la hermana en contra de la hermana. El antídoto del Perdón crea un espacio en el corazón para que florezcan las semillas de amor, confianza y restauración.

Incluso durante estos tiempos peligrosos, el poder del Perdón está acabando con años de destrucción derivados de la falta de Perdón. El Perdón pondrá en marcha una temporada de restauración. Así como el Perdón es un proceso, también lo es la restauración. Algunos procesos de Perdón traerán reconciliación. Esto puede ser inmediato o requerir tiempo. Una vez que tú y otro han acordado perdonar, puede ser que tengas que ser paciente con el proceso de recuperación.

El Perdón es una Realidad

Ya sea que seas nuevo en la fe, que nunca hayas comprometido tu corazón a Jesús ni hayas estado en la iglesia por 50 años, Jesús es nuestro Salvador y al que le debemos todo. ¿Cuándo dejaremos de dar la espalda a Dios "porque la iglesia está llena de hipócritas"? ¿Porque su pastor te ofendió? ¿Porque no reconocieron tu don? ¿Porque "te miró de forma extraña"? ¿Porque no le agradas a nadie? La lista sigue y sigue. Esta lista no incluye muchas de las ofensas más horribles que muchos han sufrido por parte de extraños, familiares, amigos o compañeros de trabajo.

Sin embargo, ya sea grandes o pequeñas, cuando las ofensas permanecen sin ser abordadas, algunas personas eligen no seguir viviendo una vida entregada a Dios. Él es el que tanto te amó que envió a su Hijo a dar su vida *POR TI*.

La gente nos fallará—debes perdonar... Te decepcionarás a ti mismo—debes perdonar... Puedes estar enfadado con Dios— debes perdonar... Si quieres estar frente a Dios justificado en el final de los tiempos— ¡*DEBES* perdonar!

El Perdón
es una Elección

Al estar desarrollando este libro, tuve problemas con la cubierta del mismo. Le pedí su opinión a diferentes personas y se me ocurrieron algunas opciones interesantes. Cuando compartí mis imágenes de portada con una amiga creativa, ella dijo: "Tal vez estás tratando de ser demasiado literal". Oré y escuché para obtener dirección y claridad. Me deshice de borradores originales de la portada que estaba considerando para mi libro. Escuché al Señor decir: "Necesito que tus lectores tomen el asunto del Perdón *literalmente*". Decidí quedarme con la portada original con una botella con las palabras "*El Antídoto*".

¡Es así de simple! La falta de Perdón ha envenenado e impedido a muchos de entrar de lleno en los planes y propósitos de Dios. La falta de Perdón es responsable del sufrimiento físico de muchas personas y de causarles una disminución en su calidad de vida. Ha despojado a muchísima gente del amor, la alegría y la paz. Dios ha provisto un antídoto: el Perdón. Estamos en una batalla llamada vida. Nadie escapa de la vida sin ser atacado por los dardos de fuego de Satán. Con cada herida que resulta en una ofensa, tenemos la opción de permitir que se infecten, se extiendan y causen complicaciones... o simplemente aceptar el remedio que Dios ofrece para todos.

Creo que no comprendemos que cuando nos dicen que el Perdón es para nuestro beneficio, es una realidad, no un engaño. Recuerdo cuando vi un documental sobre un vecindario urbano. Un número de familias habían perdido a sus seres queridos por la violencia de las pandillas. Estaba medio dormida y me las arreglé para ver el programa hasta el final. Las familias y la comunidad de vecinos y amigos estaban de duelo. Se reunieron y convencieron a todos de que se unieran a una marcha. Algunas de las familias de las víctimas se mostraron reacias, pero, al final, creo que todas participaron.

Su demostración pacífica consistió de un grupo de tamaño notable que se dirigió a la comunidad cantando estas palabras: *"¡Elijo perdonar! ¡Elijo perdonar! ¡Elijo perdonar!"*.

Sus palabras penetraron en la atmósfera al unísono mientras recorrían el vecindario. Sabían que sus gritos agonizantes serían escuchados por los asesinos. Muchos tenían lágrimas en sus ojos mientras las palabras salían de sus labios. Sin embargo, eligieron tomar el antídoto del Perdón para permitir que el proceso de curación comenzara. Esto no significa que su dolor, ira, pena, amargura y otras emociones profundas se hubieran desvanecido. Elegir el Perdón no significa que estas respuestas normales al dolor desaparezcan mágicamente. El Perdón no siempre es una solución rápida, pero abre el corazón y activa sus potentes propiedades curativas.

En el campo de batalla de la vida, muchos han perdido a sus seres queridos en asesinatos y abusos horribles—que podrían haberte ocurrido a ti o a otros de tus seres queridos. En ese caso, el Perdón sería lo último que querrías considerar—especialmente si es visto como algo dirigido a los responsables de tu dolor. Tómate un momento y visualiza el Perdón como una opción curativa que Dios ofrece, porque Él te ama mucho. ¡Recíbelo! Apaciguará TU dolor porque es tan potente que tiene el poder de impactar a otros que están presentes y que se inclinan hacia no perdonar una vez que sus poderes son liberados. Es un antídoto con la capacidad de detener, curar y prevenir la rápida propagación de la terrible enfermedad de la falta de Perdón en tu cuerpo físico, emocional y espiritual.

A continuación, presento las palabras que a menudo practico liberando hacia la atmósfera. Incluso pequeñas infecciones de falta de Perdón pueden llegar a ahogar nuestras vidas con el tiempo, si no son abordadas. Repite la oración de "Yo elijo Perdonar" en la siguiente sección o crea la tuya propia. Añádela a tu rutina de ejercicios de Perdón.

HOY, ELIJO PERDONAR

Dios, entrego mi mente, mi voluntad y mis emociones. A todos los que me han herido: HOY ELIJO PERDONAR

A todos los que han hablado todo tipo de cosas malas contra mí: HOY ELIJO PERDONAR

A todos los que me han pasado por alto o me han rechazado: HOY ELIJO PERDONAR

A todos a los que he amado incondicionalmente, he mostrado misericordia, he sembrado semillas y entregado mi corazón sólo para que lo pisoteen: HOY ELIJO PERDONAR

A todos los que me han mentido y me han usado para su propio beneficio personal: HOY ELIJO PERDONAR

A todos los que me han traumatizado en lo más profundo de mi ser con insultos espirituales, emocionales, físicos, sexuales o cualquier otro insulto diabólico: HOY ELIJO PERDONAR

A los que ya no están en la tierra de los vivos e hirieron mi vida de cualquier manera, ya sea física, emocional, sexual, espiritual o de otra forma: HOY ELIJO PERDONAR

Por las veces que he sido repulsivo, rabioso o implacable conmigo mismo: HOY ELIJO PERDONAR

Por los tiempos en que estaba enojado contigo, Dios, porque mi fe falló, no entendí, y fallé en confiar: HOY ELIJO PERDONAR

Es hora de abrir la Puerta del Perdón

Dios sabía que, mientras viviéramos en un mundo caído, adoptaríamos comportamientos que resultarían en ira, amargura y odio—los frutos de la falta de Perdón. Las escrituras nos dicen que Jesús está de pie y llamando a nuestra puerta y que, si *cualquier persona* abre, entrará y cenará con nosotros (Apocalipsis 3:20). Jesús no está llamando sólo para hablar de la salvación. Quiere que compartas lo que tengas en tu corazón. Al igual que el corazón físico, el corazón espiritual tiene cámaras o habitaciones. Todos tenemos habitaciones a las que Jesús aún está buscando entrar. A menudo, la falta de Perdón está enterrada profundamente dentro de las cámaras interiores de nuestro corazón, escondida a salvo de todos, a veces incluso de nosotros mismos.

Cuando alguien intenta entrar en estas cámaras aisladas, se le niega el acceso. Imagina a Jesús de pie ante ti con sus manos extendidas sosteniendo una poción con la capacidad de curar el dolor y la ira en tu corazón. Todo lo que tienes que hacer es recibirla. Esa poción es Su propia sangre que fue derramada para la remisión de nuestros pecados. Cuando le permitimos entrar y aceptamos el bálsamo curativo del Perdón, descubrimos que no es nuestra fuerza, sino la fuerza y el poder ilimitado de Dios que fluye a través de nosotros. Dios nos da el poder de ofrecer el antídoto del Perdón a los demás.

Al igual que Satanás busca replicar y difundir la falta de Perdón, Jesús quiere hacer lo mismo con el Perdón. Una vez que aceptamos Su antídoto, podemos elegir ofrecerlo a los demás. Es tu momento de llamar a la puerta de los corazones de los demás a quienes deseas dar o recibir el Perdón. Dios nos concede generosas porciones del antídoto del Perdón a cada uno de nosotros para compartirlo libremente con los demás. Dios está contigo, no lo dudes, ¡puedes hacerlo! Elige perdonar — ¡*HOY*!

Humildad:
la
Puerta hacia el Perdón

¿Cómo se puede estar en paz cuando otros nos lastiman, muchas veces, intencionalmente? Pueden hacerte daño a diario, ¡*especialmente* los de tu propia casa! ¡Necesitamos estrategias!

Reúne las herramientas esenciales en este libro para no sólo ayudarte a caminar, moverte y elevarte como un ganador, ¡sino también a dominar como uno! *PODEMOS* derrotar a Satán en el área de la falta de Perdón. Dios nos dio la ventaja, pero necesitamos encontrar la fe y el coraje para usarla. Las armas de nuestra guerra no son físicas, pero cuando aprendamos a confiar y utilizarlas en nuestras batallas espirituales, seremos testigos de su gran poder. Afrontémoslo: siempre nos enfrentaremos a desafíos cargados de oportunidades para dar y recibir Perdón. Armarse con la *decisión* consciente de caminar en el Perdón *antes* de que tus pies golpeen el suelo por la mañana te prepara para una batalla efectiva.

La Biblia nos dice que, en los últimos días, el padre estaría en contra del hijo y la madre en contra de la hija y que nuestros enemigos serían los de nuestra propia casa (Mateo 10:35-36). Satanás no es tonto; al menos no cuando se trata de destruir vidas. Sabe que la mejor manera de despistarnos es crear caos y falta de Perdón con aquellos que tenemos más cerca y son nuestros seres más queridos. El libro de Efesios nos instruye a

25

ponernos toda la armadura de Dios. Creo que el pueblo de Dios lo hace, pero tendemos a tirarla a un lado cuando estamos entre familiares y amigos. Esto no es Bíblico. ¡Aviso importante! ¡**NO** hay zona libre de peligro!

En ninguna parte de la Biblia dice que debemos quitarnos la armadura. Satanás busca constantemente nuestra destrucción y espera los momentos vulnerables para atacar. Piénsalo... ¿dónde están los orígenes de algunas de tus más profundas heridas emocionales? Lo más probable es que provengan de tu familia y amigos. Algunas familias han aprendido a hacer una guerra espiritual efectiva en estas áreas y a caminar en una práctica de Perdón que es necesaria para disfrutar de vidas enriquecidas con amor, Perdón y paz. Sin embargo, muchas relaciones familiares han sido estratégicamente desmanteladas por las artimañas y engaños del diablo. Nada le trae a Satán mayor alegría. Ha impactado a generaciones futuras al quebrantar relaciones vitales. Nietos y sobrinos se quedan sin la voz de los mayores para impartirles sabiduría y dirección. Estando removida esta capa protectora de consejeros, se convierten en presa fácil para el enemigo.

Si esta es tu historia, *no* tiene por qué ser así como termina. Dios es un Restaurador y puede arreglar *cualquier cosa* que Satanás haya destrozado. Todo lo que Dios reconstruye, puede fortificar y hacerlo aún más fuerte que antes. Se necesita tener el coraje de actuar con humildad para comenzar el proceso. En Jeremías 1:10, Dios puso a Jeremías al frente de la Casa de Israel "para desarraigar, derribar, destruir y derrocar, edificar y plantar". Esto es exactamente lo que tiene que ocurrir para que el proceso de curación se complete en nuestros corazones. Todo esto se logra mediante el uso estratégico de palabras pronunciadas por la sabiduría, el amor y la dirección del Espíritu Santo.

Cuando busqué definiciones para "humildad", lo que más encontré fue "el acto de ser humilde". Pero, ¿qué es ser humilde? Mi definición es *"poder controlado"*. Funciona para mí. Imagina que la humildad es una puerta. Una puerta que puedes atravesar con un objetivo en mente... el Perdón. *No* para probar quién estaba equivocado o tenía razón. *No* para decir "Te lo dije". *No* para buscar venganza o reivindicación... simplemente para hacer "borrón y cuenta nueva" y entrar a dar o recibir una buena dosis de Perdón.

¡Espera! Puedes pensar que estás listo, pero antes de llegar al pomo de la puerta, hay algunas cosas que debes tener en cuenta. Estoy segura de que hay más, pero voy a enumerar tres.

1. Hablaremos la verdad con amor.
(Efesios 4:15)

Muy a menudo, la verdad se nos echa en cara sin piedad, amor o compasión y con los motivos *equivocados*. La mayoría a menudo siente que mientras digan la *verdad*, todo está bien. Pero, *por favor*, presta atención a las escrituras. Servir a la *verdad* envuelta en amor es un signo de madurez espiritual. Es el componente de *amor* de la verdad que atraviesa los corazones de piedra, arranca el velo oscuro de la mente que bloquea la luz y hace que el oyente sea receptivo.

El amor es un bálsamo curativo para un espíritu herido que aumenta el potencial de un resultado positivo. ¿Aceptarán todos fácilmente lo que dijiste una vez que hayas hecho esto? Puede que reciban con gusto lo que estás diciendo, o quizás lo hagan más tarde—¡o quizás nunca! No puedes controlar cómo responden los demás cuando das o pides Perdón, incluso cuando dices la verdad en el amor. Sin embargo, puedes sentirte seguro de que has hecho lo que Dios requiere de ti. Las semillas de sus palabras son plantadas, y Dios puede hacer que el fruto del Perdón se produzca en sus corazones con el tiempo.

2. Cuando entres en la casa de Dios, abre los oídos y cierra la boca.
(Eclesiastés 5:1)

Dónde está la casa de Dios? Somos tú y yo, porque nuestros cuerpos son los templos del Dios vivo. La vida me ha enseñado que las cosas rara vez son lo que parecen. Cuando entras por la puerta de la humildad y te comprometes en el proceso de compartir de corazón a corazón, puedes descubrir que la tuya, la de los demás o ambas percepciones estaban totalmente fuera de lugar. Las ideas equivocadas de una o ambas partes pueden haber causado una prolongada ruptura en la relación.

Los daños pueden prolongarse durante años y a veces no se reparan en absoluto debido a una percepción errónea. Demasiadas veces nos alejamos enfadados cuando lo que se *dijo* y lo que se *escuchó* no reflejó lo que se *quiso decir*. Tu cabeza puede estar ansiosa con las palabras que deseas expresar. Dale tiempo suficiente a la otra persona para que hable, y presta atención en vez de ensayar mentalmente tu respuesta. La decisión de escuchar con una mente abierta y un corazón receptivo puede acelerar el proceso de restauración. Tales momentos sagrados hacen que Satanás se retuerza. ¡Sigámoslo haciendo!

3. La lengua puede traer vida o muerte; los que hablan mucho cosecharán las consecuencias.
(Proverbios 18:21)

¡Dilo! "Lo siento" o "Perdóname" cualquiera de estas dos opciones está llena de energía. ¿Cuántas veces ha fallado la reconciliación, aunque se hayan pronunciado palabras bonitas, elaboradas y tranquilizadoras, pero no se incluyeron "lo siento", "perdóname" o "te perdono"? Al terminar la conversación, la persona herida se va a casa sintiéndose despreciada, llevando un rencor *parcial* o incluso completo. Este rencor puede ser lo suficientemente potente como para seguir produciendo raíces de amargura, ira, lucha y más falta de Perdón. ¿Vale la pena? ¿Por qué gastar energía emocional para algo que se convierte en nada más que un gesto infructuoso y una confirmación de su orgullo? ¡Sólo di las siguientes palabras!

"¡PERDÓNAME! ¡LO SIENTO!"
"¡TE PERDONO!"

El mundo no se acabará porque te hayas humillado.
Tu mano está en el pomo de la puerta. Te estás preparando para entrar. ¡Tómate un momento para practicar unas cuantas veces antes de girar ese pomo! Satanás seguramente tratará de ahogarte antes de que lo hagas.

Repítelo... "Perdóname" o "Lo siento"

Estas palabras no te hacen un cobarde, sino que son una manifestación de tu fuerza, humildad y obediencia a la Palabra de Dios. Esta es una manifestación externa del poder del Espíritu Santo que mora y opera a través de ti. Vale la pena experimentar la sensación de que tu Padre, Dios, está bien complacido contigo.

Al otro lado
de la Puerta

Antes de decidir la mejor estrategia, debes asegurarte de que has recuperado la compostura si se trata de una situación que no requiere solución inmediata. Si encuentras que estás enojado y saturado emocionalmente, dedica un tiempo a poner las cosas en una perspectiva clara. Consulta con Dios sobre cuál es el mejor enfoque. No te olvides de orar y, una vez que te sientas preparado, comprueba que tienes puesta la armadura completa de Dios. Respira hondo, gira el pomo y entra por la puerta de la humildad con estas estrategias en mente.

1. Comienza con declaraciones en PRIMERA PERSONA, sin usar "TÚ…".

Esta es una de las muchas estrategias de comunicación efectivas. Si lo primero que escucha la persona es que la estás haciendo responsable, inmediatamente activará sus defensas y no oirá nada más en tu mensaje. Puede hacerle sentir que es el blanco de algo de lo que no siente ninguna o sólo una responsabilidad parcial. Si esa persona ya está enojada, esto puede echar aún más combustible en su ira, disminuyendo las posibilidades de un resultado positivo.

Usar declaraciones como: "Me sentí herido cuando escuché esas palabras…" en lugar de "Me haces daño"; "Tú siempre"; Tú nunca", puede ayudar a la otra persona a ver que te estás

31

centrando en tu percepción de la situación y no tratando de interpretar sus motivos, sentimientos o intenciones. Esto puede ser un puente para oírse y comunicar lo que realmente querías que la otra parte oyera y entendiera.

2. Habla bajo

Ya sea que te acerques a alguien para dar o recibir Perdón, la conversación puede volverse acalorada y el volumen de las voces puede aumentar. Si la persona con la que estás hablando aumenta el volumen de su voz, continúa bajando la tuya. Esto hará necesario que ella también baje la voz para poder escucharte. Si esto no es efectivo, puede ser necesario explicarle que te gustaría llegar a un lugar de paz y abordarán el tema cuando ambos puedan tratar las preocupaciones de una manera razonable.

a. Identifica las condiciones de la interacción propuesta

Este es mi consejo favorito. Por ejemplo: "Quiero tener una conversación contigo. Necesito que me permitas terminar de hablar antes de que respondas. Entonces te permitiré expresar tus ideas antes de que yo hable. ¿Estás dispuesto?". Si hay un acuerdo, sigue adelante. Puedes sugerir además que, si necesitan tomarse un momento para clarificar sus ideas, estará bien. Muchas veces, otros estarán de acuerdo con esto si quieren reconciliarse o dejar los asuntos atrás. Si no lo están, todavía puedes pedir o dar el Perdón antes de terminar la conversación. Puedes terminar la conversación sabiendo que has hecho lo que Dios requiere y continuar orando por la restauración total si eso es lo que estás buscando.

3. Escribe una carta

Esta técnica no funcionará para todos, ya que no todos son efectivos con la comunicación escrita. Algunas personas tienen dificultad para expresarse verbalmente y pueden hacerlo mejor con la escritura. Cuando se abordan preocupaciones verbalmente, la discusión puede acalorarse, lo que resulta en más ira. Una carta permite expresarse plenamente antes de que las tensiones emocionales aumenten.

Cuando escribas (recuerda usar declaraciones en primera persona), pide que respondan por escrito si se sienten cómodos de esa forma. Si no es así, dale tiempo a su respuesta verbal. Dependiendo de lo delicado del tema, puedes evitar referirte a las preocupaciones en detalle. Sé discreto. Usa términos vagos como "el asunto que se ha interpuesto entre nosotros..." o "la situación que ocurrió ayer...".

4. Dilo: PERDÓNAME…

Sé que esto ya lo mencioné, pero es *REALMENTE* importante y digno de repetirse. Ese era el objetivo de pasar por la puerta en primer lugar. No des un discurso elaborado sin decir palabras curativas que están infundidas de poder y petrifican al enemigo: **Perdóname, lo siento,** o **te perdono**. Satanás sabe que estas palabras tienen el poder y el potencial de reconstruir todo lo que ha destruido estratégicamente en esa relación.

Limpiemos la pizarra de nuestras vidas con Dios—y el hombre.
1. Haz una lista de las personas que puedas necesitar perdonar

_____

_____

_____

_____

2. Haz una lista de gente que te haya ofendido

_____

_____

_____

_____

_____

3. Pídele al Espíritu Santo que te dé un enfoque específico para cada persona. Revisa las estrategias de este libro y elije una. Dios sabe cómo cada uno de nosotros está conectado y cuál será el método más efectivo.

"Si perdonas a los que pecan contra ti, tu Padre celestial te perdonará a ti; pero si te niegas a perdonar a los demás, tu Padre no perdonará tus pecados" (Mateo 6:14-15). Esto por sí solo es suficiente motivación y razón para girar ese pomo y pasar por la puerta de la humildad. El Perdón es un arma espiritual: ¡úsalo!

El Legado del Perdón

"Perdóname"; como madre, he dicho
estas palabras a mis hijos muchas veces a
lo largo de los años. Cuando quienes
somos padres invertimos en tales prácticas,
en muchos casos, estamos haciendo un regalo para ellos. Luego
de trabajar en salud mental por años, he visto padres que no
expresaron remordimiento cuando sus hijos crecieron y
expresaron su ira. A sus ojos, les dieron a sus hijos *TODO*...

Al menos desde su perspectiva. A medida que aumenta el
conocimiento sobre las necesidades emocionales, nos estamos
expandiendo en el área del uso efectivo de los "lenguajes del
amor". Estamos aprendiendo que para cada persona hay
acciones específicas que les comunican amor. A veces, como
padres (puede aplicarse a cualquier tipo relación), podemos dar
TODO, EXCEPTO AQUELLO que mejor comunica el amor
a nuestros hijos.

No importa cuán buen padre seas, tu hijo puede haber
albergado alguna frustración o amargura no expresada que fue
enterrada en su interior a lo largo de los años. Los niños tienden
a amar a sus padres, aunque vean que no son perfectos (al igual
que el amor de los padres cubre las faltas en ellos) puede que no
hayan sentido la necesidad de profesártelas. Tampoco nos
olvidemos de los esfuerzos destructivos de Satanás que resultan
en adicciones generalizadas de todo tipo y conductas pervertidas
para muchos padres adultos jóvenes con hijos.

Las conductas negativas creadas por las adicciones pueden
cesar una vez que entregues tu corazón a Dios, pero el impacto

emocional en los demás, especialmente en tus hijos, probablemente continuará dando frutos de falta de Perdón. Dios puede llevar a cabo la restauración de estas relaciones, aunque puede ser un viaje cargado de emocionalidad.

Estamos creando un legado con la manera en que manejamos la ira y el conflicto.

A veces, dos familias se enfadan entre sí durante generaciones (no necesariamente deben ser parientes.) ¿Quizás viste una película con la historia de los Hatfield y los McCoy? Ha habido muchos remakes de esta película a través de los años relatando este particular evento. La fecha en la que comenzó la disputa no es clara, pero fue en la época de la Guerra Civil. Una familia era confederada y la otra unionista. Se pensaba que esto fue la causa de la división. ¡Ciertamente vemos una gran animosidad creada por puntos de vista políticos opuestos hoy en día!

Su odio puede haber sido fortificado por alguien que robó un cerdo de una de las familias o algo así. Aunque los hechos son inciertos, las consecuencias están bien documentadas. Cada familia tuvo al menos 13 hijos que se odiaban porque sus padres se odiaban. Empezó con una pelea física ocasional y se intensificó hasta llegar a asesinatos e incendios mutuos. Está documentado que esta disputa terminó en 1891 y algunos descendientes se dieron la mano en 1976 y firmaron un tratado de paz en 2003. ¿Estás relacionado con bandas que mantienen rivalidades y han asesinado a gente totalmente inocente? ¿Estás permitiendo que tu ira, odio o falta de Perdón hacia una familia, raza, grupo o partido político en particular se filtre en la próxima generación?

Los niños observan y aprenden a quién odiar a partir de las figuras paternas. Estamos creando legados. Este legado puede determinar cómo se percibe, se recibe y se da el Perdón a través de las generaciones futuras. ¿Será tu legado uno que ejemplifique la humildad hacia la obediencia de la Palabra (2 Corintios 10:5)? Jesús está esperando, dispuesto a quitarte la carga de tus pecados, pero tú te sigues aferrando a ellos con fuerza. Recuerda el precio que pagó por tu libertad y que también Él trata de asegurarte que te ama y está dispuesto a ayudarte. Te dio Su vida, un gran rescate ofrecido para ti, porque eres una posesión muy preciada. Murió por tus pecados y los del mundo. Crees que los pecados del mundo están perdonados, ¡pero no puedes incorporar este Perdón para ti mismo!

Es como decirle a Él: "Gracias por morir por los pecados del mundo, y aunque Tu Sangre ha sido efectiva para muchos, no ha funcionado para mí". ¿Te das cuenta de la bofetada que debe sentir Él? Sin embargo, Él está de pie, llamando... Déjalo entrar. Él aliviará la carga de la falta de Perdón para ti hoy. Por lo tanto, *AHORA NO HAY CONDENACIÓN* para los que están en Cristo Jesús (Romanos 8:1).

Ora para que el Espíritu Santo te ayude en el proceso de considerarte digno de SU amor, del amor de DIOS. Eres digno de TU Perdón y del Perdón de DIOS. No tienes que golpearte a ti mismo por tu pecado—Jesús ya ha recibido tu paliza. Sólo deja tus pecados ir y Síguelo...

La Cenicienta y el Perdón

H an habido muchos remakes del cuento épico "La Cenicienta". He leído innumerables libros y he visto numerosos remakes de esta película a lo largo de los años. Sin embargo, mi favorita es una película que vi hace un par de años. Su final dejó un gran impacto emocional y una gran demostración visual del Perdón en mí. La malvada madrastra confesó su odio a Cenicienta y las razones por las que era despreciada.

Con el corazón podrido por los celos, miró a Cenicienta desde el medio de la escalera gritando: "¡Eres joven! ¡Hermosa! ¡Y amable!". Esto no pretendía ser un cumplido. Estas palabras describían todo lo que la malvada madrastra no era, y estaban unidas a los virulentos venenos de la amargura, la envidia y el odio. Cenicienta fue vilipendiada y tratada cruelmente sin razón. Cuanto más brillaba su luz, mayores eran sus aflicciones. Nuestra historia como cristianos comienza con la salvación que embellece. Nuestro viaje es a menudo representado y resaltado por pruebas de fuego que surgen simplemente porque somos hermosos y amables.

Jesús no ocultó que al seguirlo *sufriríamos* persecuciones. Nos aseguró que esto no es motivo de preocupación porque Él ha vencido al mundo y se ha comprometido a ayudar a cada uno de nosotros a hacer lo mismo. La gracia de Dios es suficiente para ayudarnos a emerger como vencedores contra los viciosos ataques satánicos que cada uno de nosotros enfrentará en algún momento de muestras vidas. Sin embargo, debemos ser conscientes de seguir las instrucciones bíblicas.

Cuando Satanás asigna a alguien para quebrantarte como en La Cenicienta, el objetivo es contaminar tu corazón reproduciendo dentro de ti su vil y corrupto carácter. Entonces te vuelves accesible para que él te use para desatar tu ira y frustraciones reprimidas en otros. Este ciclo de reproducir corazones infectados con la falta de Perdón se propaga de persona a persona hasta que tenemos una epidemia de masas hostiles que "*se sienten de alguna manera*". Algunos de ellos consiguen armas y ejecutan a personas inocentes en lugares públicos. Muchos actos salvajes de odio son cometidos desde estos corazones envenenados. Debemos aprender a proteger nuestros corazones y a auto administrar el antídoto del Perdón tantas veces como sea necesario; el suministro es ilimitado.

En la historia de La Cenicienta, la sirvienta abusada y descuidada hizo exactamente lo que la Biblia instruye hacer a todos. "Sobre todas las cosas cuida tu corazón, porque este determina el rumbo de tu vida" (Proverbios 4:23). Al salir de la casa de su malvada madrastra, el Príncipe la tomó de la mano mientras permanecía cerca de ella. Antes de llegar a la puerta, Cenicienta se detuvo lo suficiente para conectarse con los ojos furiosos de su malvada madrastra. "Te perdono", su suave voz soltó estas palabras, y la atmósfera se perfumó con su amabilidad y sinceridad. Salió por la puerta dejando un lugar lleno de recuerdos de esclavitud, rechazo y humillación. Aferrándose a su Príncipe, se adentró en el brillante futuro que le esperaba.

El abuso puede hacer que tu corazón se convierta en un almacén donde se acumula la falta de Perdón. Satanás te dirá que tienes buenas razones para aferrarte a cada emoción amarga mientras arrastras tu vida cuesta abajo. Nadie discutiría que mucha gente tiene razones indiscutibles para elegir la falta de Perdón. Yo también tuve algunas muy buenas. Pero ninguno de nosotros tiene el *derecho*.

Cenicienta es sólo un personaje ficticio y podemos tomar como tal su desinteresado acto de Perdón. Después de todo, es sólo un cuento de hadas con un final orquestado por los trazos de la pluma de un autor. Pero el acto desinteresado de Perdón de Jesús fue hecho a escala universal y fue compuesto no por la tinta de una historia escrita, sino por la sangre que brotaba de su cuerpo herido.

Mientras colgaba de una cruz, golpeado, sangrando y muriendo, pensó más en este mundo de sufrimiento que en Él Mismo. Retuvo la muerte el tiempo suficiente para conceder el Perdón a un ladrón que colgaba y moría a su lado. Antes de tomar su último aliento, miró a las caras de la multitud furiosa que se burlaba de Él y a los que le golpearon brutalmente hasta que su piel se desprendió de su carne y luego lo clavaron en la cruz. "Padre, perdónalos, porque no saben lo que hacen". La atmósfera estaba impregnada por el abundante amor que sentía por toda la humanidad. Dejando esta vida, anticipó con entusiasmo su regreso a los lugares celestiales para tomar Su asiento a la derecha de Su Padre.

¡Esta es la ilustración más poderosa del perdón que este mundo conocerá jamás! Jesús es tu Príncipe de la Paz. Como en la historia de La Cenicienta; puedes tomar la mano de tu Príncipe y Él te escoltará fuera de la oscuridad donde la falta de Perdón te ha mantenido prisionero. Camina con Él, confía en Él, Él te está llevando a un lugar más brillante.

¿Qué hay de ti?

Shakespeare dice "actúa de acuerdo a tus principios". ¿Egoísta? Solía pensar así hasta que leí la siguiente línea escrita por él: "...no puedes entonces ser falso con ningún hombre". Es difícil convencer a otra persona de que Dios la ama tanto si tú mismo estás luchando con la creencia de que Él te ama de igual forma a ti. Hay muchos que se ahogan en las turbias aguas de la falta de perdón—para ellos mismos.

Satanás ha dominado la habilidad de golpear a la gente con mentiras y acusaciones. Recuerdos del pasado llenos de remordimiento pueden desfilar en tu mente. Muchos luchan con sentirse desconectados, no amados e indignos. Cuando logran reunir la suficiente fe para creer que Dios les ha perdonado, no son capaces de exprimir la suficiente gracia para extender el perdón a sí mismos. Ciertamente he estado allí y sé la tristeza que esto produce.

¿Puedes imaginar cómo debe ser esto desde la perspectiva de Jesús? Te acercas al trono de Dios una y otra vez arrepintiéndote de lo mismo una y otra vez. ¿Por qué? Porque llevas un peso que Jesús ha aceptado llevar por ti. No te sientes merecedor, así que no se lo sueltas a Él. ¿Te das cuenta de lo que has hecho?

Te has alineado con las mentiras de Satanás en lugar de la palabra de Dios. Hay una razón por la que Dios nos instruye a derribar *todo* pensamiento que se exalte por encima del conocimiento de Dios (2 Corintios 10:5). Jesús está esperando y dispuesto a quitarte la carga de tus pecados, pero tú te aferras a ellos con fuerza. Él recuerda el precio que pagó por tu libertad y trata de asegurarte que te ama y que está dispuesto y es capaz de ayudarte. Su propia vida—¡un gran rescate! ofrecido para ti, porque *eres* una posesión muy preciada. Él murió por tus pecados y los del mundo. Crees que los pecados del mundo están perdonados, pero no puedes incorporar este perdón para ti mismo.

Es como decirle a Él: "Gracias por morir por los pecados del mundo, y aunque tu Sangre ha sido efectiva para muchos, no ha funcionado para mí". ¿Te das cuenta de la bofetada que debe sentir Él? Sin embargo, Él está de pie, llamando... Déjalo entrar. Él aliviará la carga de la falta de Perdón para ti hoy. Por lo tanto, *AHORA NO HAY CONDENACIÓN* para los que están en Cristo Jesús (Romanos 8:1).

Ora para que el Espíritu Santo te ayude en el proceso de considerarte digno de SU amor, del amor de DIOS. Eres digno de TU Perdón y del Perdón de DIOS. No tienes que golpearte a ti mismo por tu pecado—Jesús ya ha recibido tu paliza. Sólo deja tus pecados ir y síguelo...

Ármate para la Batalla como Jesús

A menudo, muchos acuden a Jesús porque necesitan alivio, ya que los problemas de este mundo les han causado sufrimiento y perjurio. Aceptando a Cristo en sus corazones, sus heridas infectadas comienzan a sanar. Él restaura y reconstruye el quebrantamiento de sus almas.

Tomemos un momento para reflexionar sobre la vida de Jesucristo. Fue alguien puro y santo que sufrió mucho en este mundo y de forma bastante injusta. Me pregunto cómo se sentía por dentro. Puede que nunca lo sepamos. Él eligió amar a sus perseguidores. Traicionado y falsamente acusado, fue herido, golpeado y magullado.

Aunque comandó legiones de ángeles, Él eligió sufrir y morir, ya que tenía un Padre Celestial dispuesto a escuchar su más leve llanto. ¿Quieres ser como Él? ¿Estás dispuesto a pagar el precio? Abundantes bendiciones te esperan, pero hay algunos sacrificios.

Hay algo que debes recordar: cuando te enfrentes a la preocupación y la desesperación, apaga la voz de Satanás. No dejes que te susurre al oído. Dirá que estás solo, que Dios te ha abandonado, y quizá quieras renunciar en lugar de dar otro paso. Él te dirá que Dios es la razón por todo lo que estás pasando; de todas las cosas que te dice, ninguna de ellas será verdad.

Ahora es el momento de armarse. Ponte la mente de Cristo.

Deja que Dios se lleve toda la gloria por acabar con el sufrimiento de tu vida. Él no es la causa de tu sufrimiento; Él es la cura para tu dolor. ¡Y no olvides que el único plan y propósito de Satán es volverte loco!

El Proceso del Perdón

Reconocer

¿Alguna vez has visto a alguien hirviendo de ira mientras gritaba las palabras "¡*No estoy enojado!*"? En ese ejemplo podemos que reconocer que hay una preocupación que necesita ser abordada y decidir elegir el camino del Perdón.

Rendirse

La salvación comienza entregando tu corazón a Dios, reconociendo que lo necesitas a Él para enfrentar con éxito los desafíos de esta vida. No eres capaz de amar verdaderamente de forma incondicional hasta que el amor de Dios se derrame en tu corazón (Romanos 5:5).

Lo mismo ocurre con el Perdón. No eres capaz de soportar la carga de la falta de Perdón. A medida que permites que el Espíritu Santo participe en el proceso derramando el Espíritu del Perdón en tu corazón, empiezas a darte cuenta y a entender que, por la gracia de Dios, el Perdón es factible.

Desaprender

A todos nos han enseñado mitos y nos han dado información errónea sobre el Perdón y lo que es y no es. La información errónea puede haber hecho que decidas que es imposible perdonar en ciertas situaciones. Ignora los mitos y actúa con estrategias que te equipen y preparen para recorrer el camino del Perdón con verdad y coraje. Eres mucho más fuerte de lo que crees, y cuando eres débil, el Dios en ti es aún fuerte.

Método

Un método en particular puede funcionar mejor en algunas situaciones que en otras. Considera en tu oración cada situación y la persona o personas involucradas y pide al Espíritu Santo que te dirija al plan que funcionará mejor.

Revisa las estrategias provistas en este libro o aquellas que otros te hayan dado que resuenen con tu vida. El Espíritu Santo te guiará en el camino que debes seguir. Confía en Él.

Paciencia

Al igual que la curación se produce a ritmos diferentes para aquellos que han sufrido enfermedades o procedimientos quirúrgicos, lo mismo ocurre al recuperarse de la falta de Perdón. La falta de Perdón crea heridas reales en nuestros espíritus. Hay cortes, moretones e incluso infecciones en nuestros seres espirituales. Algunas curaciones físicas son milagrosas, otras ocurren en etapas a lo largo de un período de tiempo. El poder del Perdón puede resultar en un acontecimiento sobrenatural de curación inmediata. Para algunos es un proceso en el que el dolor se disipa con el tiempo, con el restablecimiento de la paz mental. Es un proceso que requiere fe y paciencia.

NO te alinees con las mentiras de Satanás, tales como "¿Ves que no has perdonado? Si lo hubieras hecho no te sentirías así..." u otros engaños similares. No caminamos siguiendo nuestros sentimientos, sino nuestra fe.

Satanás trata de llevarte a la condenación sobre tu salvación, incluso cuando has estado dando todo a Dios. Él señala tus defectos e intenta engañarte. Desea robarte tu testimonio de salvación. Si estás de acuerdo con él, te robará tu compromiso de perdonar. Cuando viene con mentiras (y lo hará), ELIJO PERDONAR. Alinea tu fe con la palabra de Dios y ora por la persona que has perdonado. "Resistan al diablo, y él huirá de ustedes" (Santiago 4:7).

A todos nos han enseñado mitos y nos han dado información errónea sobre el Perdón y lo que es y no es. La información

50

Parábola del deudor que no perdona

" Luego Pedro se le acercó y preguntó: —Señor, ¿cuántas veces debo perdonar a alguien que peca contra mí? ¿Siete veces? —No siete veces — respondió Jesús—, sino setenta veces siete. Por lo tanto, el reino del cielo se puede comparar a un rey que decidió poner al día las cuentas con los siervos que le habían pedido prestado dinero. En el proceso, le trajeron a uno de sus deudores que le debía millones de monedas de plata. No podía pagar, así que su amo ordenó que lo vendieran —junto con su esposa, sus hijos y todo lo que poseía— para pagar la deuda.

El hombre cayó de rodillas ante su amo y le suplicó: "Por favor, tenme paciencia y te lo pagaré todo". Entonces el amo sintió mucha lástima por él, y lo liberó y le perdonó la deuda. Pero cuando el hombre salió de la presencia del rey, fue a buscar a un compañero, también siervo, que le debía unos pocos miles de monedas de plata. Lo tomó del cuello y le exigió que le pagara de inmediato.

El compañero cayó de rodillas ante él y le rogó que le diera un poco más de tiempo. "Ten paciencia conmigo, y yo te pagaré", le suplicó. Pero el acreedor no estaba dispuesto a esperar. Hizo arrestar al hombre y lo puso en prisión hasta que pagara toda la deuda.

Cuando algunos de los otros siervos vieron eso, se disgustaron mucho. Fueron ante el rey y le contaron todo lo que había sucedido. Entonces el rey llamó al hombre al que había perdonado y le dijo: "¡Siervo malvado! Te perdoné esa tremenda deuda porque me lo rogaste. ¿No deberías haber tenido compasión de tu compañero así como yo tuve

51

compasión de ti?". Entonces el rey, enojado, envió al hombre a la prisión para que lo torturaran hasta que pagara toda la deuda.

Eso es lo que les hará mi Padre celestial a ustedes si se niegan a perdonar de corazón a sus hermanos".

Mateo 18:21-35 (NTV)

Mitos sobre el Perdón

Muchos mitos han sido otorgados a las enseñanzas sobre el Perdón, principalmente por cosas que hemos oído. Hay una gran libertad para conocer y operar en la verdad. Aunque hay muchos más, he identificado algunos mitos a continuación. Tal vez algunos de estos han hecho que te preguntes si realmente estás caminando en el Perdón. O tal vez te topaste con algunos y decidiste que, si esto es verdad, el Perdón no es el camino para ti.

Oro para que este libro te haya hecho reconsiderar cualquier creencia errónea que tuvieras sobre el Perdón. Oro para que experimentes el potente poder y la libertad que ofrece el Perdón. Es el remedio de Dios para los corazones de su pueblo que han sido mutilados en las batallas de esta vida durante nuestra lucha por vivir juntos en este mundo caído.

Reflexiona sobre los mitos a continuación e identifica si han influido en tu capacidad de comprender y comprometerte con el proceso del Perdón.

Mito: Si perdonas a alguien, deberías olvidar todo lo que ha pasado.
Realidad: El Perdón y el olvido son dos cosas muy diferentes.

Mito: El Perdón es una decisión, un acto de voluntad.
Realidad: El Perdón es una decisión *y* un proceso.

Mito: El Perdón y la reconciliación son las mismas cosas.
Realidad: El Perdón y la reconciliación son cosas muy distintas.

Mito: Después de perdonar, nunca más me sentiré enfadado o herido debido a lo ocurrido.

Realidad: Es como decir que después de que te salves, nunca más cometerás un error ni pecarás, o después de que te operen, no volverás a sentir dolor. Si los sentimientos de ira resurgen—lo cual es más que probable, continúa liberándolos de vuelta al Señor y permitiendo que ocurra una curación más profunda.

Mito: El Perdón significa que eres la persona más débil.
Realidad: Cualquiera puede operar con orgullo y terquedad; se necesita humildad y la fuerza de Dios para perdonar.

Mito: El Perdón requiere que debas confiar en la persona involucrada.
Realidad: Es posible que nunca vuelvas a confiar en alguien a quien has perdonado, de hecho, en algunos casos es prudente no hacerlo.

Oración para
Perdonar a los demás

*D*ios, me duele, estoy enojado, no entiendo por qué fui tratado así. No siento que me lo mereciera. El dolor en mi corazón es abrumador y me consume. Necesito Tu ayuda, la clase de ayuda que sólo puede venir de ti. Perdóname por la ira y el resentimiento que he permitido que se acumule en mi corazón que está comenzando a impactar cada área de mi vida. No deseo continuar de esta manera. Perdonar sería mucho más fácil si _____ mostrara algún remordimiento. Sin embargo, elijo perdonar a _____. Sé que no puedo cambiar la forma en que _____ reacciona hacia mí, pero ayúdame a responder de una manera que te agrade. Espíritu Santo, te pido tu Espíritu de Sabiduría, Conocimiento y Entendimiento cuando sea necesario que me comunique con _____. Confío en Ti, Señor, con todo mi corazón y pongo esta preocupación en Ti.
En el nombre de Jesús,
Amén

Oración de Autoperdón

*D*ios, no sé por qué me amas, pero te estoy agradecido. Sé que la Biblia dice que me amas y que cuando te lo pedí, perdonaste **TODOS** mis pecados. Sin embargo, me resulta difícil amarme y perdonarme a mí mismo. Perdóname por escuchar y estar de acuerdo con la voz del enemigo y actuar como si lo que dice fuera cierto. Las cosas que he cometido en el pasado se repiten en mi cabeza y no puedo detenerlas. Cuando vienen, me siento sucio e indigno de estar en tu presencia. Límpiame hasta la médula.

Limpia mi mente, limpia mi corazón. Limpia mis emociones. El Espíritu Santo me ayuda a pensar pensamientos que son puros, encantadores y verdaderos. Perdóname por actuar como si la sangre de tu Hijo, Jesús, fuese insuficiente para ayudarme con el auto perdón. Hoy, estoy de acuerdo con tu palabra de que ahora NO hay condenación para los que están en Cristo. Hoy, me resisto al diablo y él huye. Hoy, me pongo toda la armadura de Dios. Espíritu Santo, recuérdame este compromiso que he hecho ante mi Padre Dios en este día y ayúdame a desechar todo pensamiento engañoso y a callar toda voz mentirosa.

Hoy, alineo mi corazón, mente, voluntad y emociones con lo que Tu palabra dice de mí. Dios, acepto tu perdón y hoy me perdono a mí mismo. Derribo cada pensamiento diabólico que desafía mi identidad espiritual como tu amado hijo. Me he hecho digno por tu sangre y de nuevo digo: Gracias.

En el nombre de Jesús,

Amén

El Perdón en las Escrituras

"Sean comprensivos con las faltas de los
demás y perdonen a todo el que los ofenda.
Recuerden que el Señor los perdonó a ustedes, así que ustedes
deben perdonar a otros".
Colosenses 3:13 NTV

"Si perdonas a los que pecan contra ti, tu Padre celestial te
perdonará a ti; pero si te niegas a perdonar a los demás, tu
Padre no perdonará tus pecados".
Mateo 6:14–15 NTV

"Así que, ¡cuídense! Si un creyente peca, repréndelo; luego, si
hay arrepentimiento, perdónalo".
Lucas17:3 NTV

"Dios es tan rico en gracia y bondad que compró nuestra
libertad con la sangre de su Hijo y perdonó nuestros
pecados;".
Efesios 1:7 NTV

"Y perdónanos nuestros pecados, así como hemos perdonado
a los que pecan contra nosotros".
Mateo 6:12 NTV

"Porque esto es mi sangre, la cual confirma el pacto[a] entre
Dios y su pueblo. Es derramada como sacrificio para perdonar
los pecados de muchos".
Mateo 26:28 NTV

Epílogo

¿Qué significa para ti el sacramento de la Comunión? Pensé que había terminado con este libro, pero sentí que el Señor me urgía a abordar esta práctica que es común en la mayoría de las iglesias. "*Hagan esto en memoria de mí*", fueron las instrucciones de Jesús antes de su muerte, resurrección y ascensión. Me comprometo en Comunión en mi hogar con el Señor a menudo. *NUNCA* quiero olvidar el costo de mi libertad. ¿Cómo describirías tus recuerdos antes de la Comunión?

Dejo que mi imaginación me coloque ante la cruz donde sólo estamos yo y Jesús. Lo intento, pero no puedo imaginar lo que habría sido mi vida si Él no me hubiera rescatado. ¿Estaría loca? ¿Estaría en prisión? ¿Estaría drogada? ¿Estaría muerta? Cualquiera de estas podría haber sido fácilmente mi realidad sin Su perdón.

Recibo Su amor y Perdón en mi corazón una y otra vez mientras me examino. Busco en las profundidades de mi corazón para descubrir cualquier cámara escondida donde pueda estar creciendo la falta de Perdón. A veces está enterrado tan profundamente que no te das cuenta de que aún está escondido. Pero mientras estoy en la cruz abrumada por la gratitud y su amor, elijo perdonar. No hay nada en mi corazón que me niegue a liberar.

Es una buena práctica vivir una vida en la que hacemos del dar y recibir Perdón una norma, especialmente con las pequeñas irritaciones y rencores que experimentamos en nuestra vida diaria. Dios sabe y entiende que algunas ofensas cortan el núcleo de nuestro ser, pero la sangre de Jesús es lo suficientemente poderosa para sanar incluso la más incapacitante de nuestras heridas, sin importar su naturaleza. Dios entiende que esto es un proceso y nos advierte que no tomemos la comunión hasta que hayas permitido que el Espíritu Santo complete este proceso dentro de nosotros. La Biblia da una severa advertencia contra esta práctica que es ignorada por muchos. Lee I Corintios 11:27-32; ilustra lo serio que es para Dios recibir la Comunión.

> 27 Por lo tanto, cualquiera que coma este pan o beba de esta copa del Señor en forma indigna es culpable de pecar contra[a] el cuerpo y la sangre del Señor. 28 Por esta razón, cada uno debería examinarse a sí mismo antes de comer el pan y beber de la copa. 29 Pues, si alguno come el pan y bebe de la copa sin honrar el cuerpo de Cristo,[b] come y bebe el juicio de Dios sobre sí mismo. 30 Esa es la razón por la que muchos de ustedes son débiles y están enfermos y algunos incluso han muerto.

> 31 Si nos examináramos a nosotros mismos, Dios no nos juzgaría de esa manera. 32 Sin embargo, cuando el Señor nos juzga, nos está disciplinando para que no seamos condenados junto con el mundo.

En conclusión, es extremadamente importante que la recepción de la Comunión no sea vista como un mero ritual o tradición de la iglesia. Es un momento para recordar que la sangre de Jesús fue derramada para el perdón de tus pecados. Cuando tomas parte en la Comunión como alguien que es *perdonado*, pero que no está dispuesto a *perdonar*, Dios te considera **INDIGNO** de recibirla. Decide permitir que el antídoto del Perdón inicie una obra milagrosa en tu corazón **ANTES** de participar en el sacramento de la Comunión. Cuando elegimos convertirnos en discípulos de Jesús, el **perdonado** se convierte en **quien perdona**.

Notas

Acerca de la Autora

Jeri Darby es una autora, oradora, compositora y coach de escritura. Su viaje de vida ha requerido grandes dosis del antídoto del Perdón. Los primeros recuerdos de la infancia de Jeri son imágenes descoloridas de abuso físico. Un hermano mayor le infringió brutales ataques físicos que continuaron hasta su adolescencia. Esto resultó en que se llenara de pensamientos asesinos antes de recibir la salvación.

Jeri también ha sido víctima de múltiples violaciones, secuestros y abusos emocionales a lo largo de los años. Ella ha aprendido a confiar en la fuerza de Dios para perdonarse a sí misma y a los demás. Su relación con Dios ha sido su gracia salvadora.

Abrumada por Su amor y aceptación, se comprometió en el proceso del Perdón con el Espíritu Santo. Jeri fue capaz de expresar un genuino amor y perdón a su hermano y guiarlo en una oración de arrepentimiento antes de su muerte.

Jeri ha servido por más de veinticinco años en la profesión de la salud mental como enfermera registrada. Durante este tiempo, ha desarrollado una profunda compasión y empatía por otros que han sufrido abusos y experimentan el impacto negativo de la falta de Perdón. Actualmente, Jeri trabaja con adultos mayores. A medida que avanza en sus años de experiencia, puede identificarse con los desafíos y preocupaciones de esta población.

Dios le dio un mandato en 2015 para crear un Vlog en Facebook con el objetivo de animar a su gente más experimentada recordándoles el gran amor que Él les tiene. Jeri ha producido más de 100 videos con este tema en los últimos dos años, los cuales pueden verse en Facebook: *Jeri Darby*. Ella está abrazando su ministerio de escritura durante esta temporada. Este es el sexto libro que ha escrito y autopublicado mientras ayuda a otros a alcanzar sus sueños como autores. Jeri encuentra la alegría de ayudar a otros a publicar sus testimonios sobre la Fidelidad de Dios.

Su unción como coach de escritura ha permitido a otros profundizar y escribir con excelencia en su más alto nivel. Jeri ha ministrado en cárceles, prisiones, refugios para desamparados y ha dado conferencias. Presidió el Faro Aglow Internacional-Saginaw por más de doce años.

A pesar de cada ataque satánico, Dios hizo que se levantara aún más fortificada. Una creencia que está firmemente arraigada en el corazón de Jeri es que todo en su vida ha sido un peldaño y ella usa los peldaños de su vida para elevarse hacia su destino mientras ayuda a otros en el camino.

A todos nos han enseñado mitos y nos han dado información errónea sobre el Perdón y lo que es y no es. La información.

A todos nos han enseñado mitos y nos han dado información errónea sobre el Perdón y lo que es y no es. La información.

Otros Títulos de Jeri Darby

Visita mi tienda online y haz tu pedido directamente:
https://squareup.com/storearity-press
Disponible en Amazon y Online Barnes and Nobles

¡Dos títulos disponibles en español!

Este libro revela creencias erróneas sobre la falta de Perdón y ofrece estrategias bíblicas para resolver los problemas de la falta de Perdón.

Es un gran recurso para un estudio bíblico familiar, en grupo pequeño o iglesia.

Si te gustaría
organizar un retiro basado en el Perdón,
conferencia u otro evento,
sesiones de un día, fin de semana o seis
semanas, puedes contactar a Jeri en el
siguiente número:
989 402-4721

¡Próximamente!

Información de contacto

Teléfono: 989 402-4721

Email: jeri@iamawriternow.com

Facebook Live Semanal:
Seasoned for This Season!

Facebook: Jeri Darby o
Jeri Darby Speaks

Tienda de libros en línea

Lista de correo

Stepping Stones
Soar into Your Destiny!

www.ingramcontent.com/pod-product-compliance
Lightning Source LLC
Chambersburg PA
CBHW011218120626
46545CB00008B/3042